Guia rápido para lidar com pessoas difíceis

Amigo leitor,

Queremos saber sua opinião sobre nossos livros. Após sua leitura, acesse nosso *site* (www.editoragente.com.br), cadastre-se e contribua com suas sugestões, críticas ou elogios!

Boa leitura!

Murray Oxman

GUIA PARA LIDAR COM PESSOAS DIFÍCEIS

Reconheça os 20 tipos
de pessoas-problema

Tradução:
Giorgio Cappelli

Gente
editora

Editora
Rosely M. Boschini

Assistente editorial
Rosângela Barbosa

Produção, projeto gráfico e diagramação
Gabriela Antunes

Capa
Gabriela Antunes

Copidesque
Gilberto Cabeggi e Sandra Silva

Preparação
Flávia Almeida Brandão

Revisão
Fernanda Marcelino

Título original: *The how to easily handle difficult people handbook*

Rua Pedro Soares de Almeida, 114
São Paulo, SP, CEP 05029-030
Tel: (11) 3670-2500
Site: http://www.editoragente.com.br
E-mail: gente@editoragente.com.br

Dados Internacionais de Catalogação na Publicação (CIP)
(Câmara Brasileira do Livro, SP, Brasil)

Oxman, Murray
Guia rápido para lidar com pessoas difíceis : reconheça os 20 tipos de pessoas-problema / Murray Oxman ; tradução Giorgio Cappelli. — São Paulo : Editora Gente, 2008.

Título original: *The how to easily handle difficult people handbook*
Bibliografia
ISBN 978-85-7312 574-0

1. Conflito interpessoal 2. Psicologia aplicada 3. Relações interpessoais I. Título.

07-6780 **CDD-158.2**

Índice para catálogo sistemático:

1. Pessoas difíceis : Relações interpessoais : Psicologia aplicada 158.2

Este livro é dedicado à memória de Vernon Howard, com todo respeito e toda gratidão.

Sumário

Prefácio: sobre esta obra

Quando lemos este manual pela primeira vez, ficamos impressionados. Ou melhor, ficamos chocados, mas no bom sentido. Descobrimos que não conhecíamos nada sobre a psicologia humana. Percebemos de modo mais claro que outros livros nunca haviam conseguido traduzir, de fato, nossas reais características comportamentais.

Procuramos o autor Murray Oxman, e perguntamos a ele como tinha chegado a tal mudança de padrões, partindo do que chamávamos de psicologia normal. Murray respondeu que três pontos o haviam influenciado enormemente:

- primeiro: tudo o que ele tentara antes não dera resultado;
- segundo: ele adotou como regra de ouro a conhecida frase "Trate os outros da maneira como gostaria de ser tratado";

• e, por último, mas não menos importante: em sua busca pela autocompreensão, Murray conheceu um homem que sempre o tratava muito bem. Disse que foi pelas ações daquele homem que aprendeu tudo o que queria saber.

Murray riu ao acrescentar: "A maior parte do que aprendi veio daquilo que eu não queria saber!".

Em seguida, disse: "O homem era um escritor, conferencista e professor de renome. Tenho meus motivos para não revelar seu nome. Mas sei que poucos pagariam o preço para tê-lo por perto e aprender com ele. Porque o preço a ser pago seria permitir-lhe que nos mostrasse o que somos, em contraste com as atitudes falsas que apresentamos aos outros. Ele costumava atacar o narcisismo alheio. Com a graça de Deus, esse homem havia caído do céu para ajudar a todo e qualquer indivíduo que quisesse de fato ser ajudado. Mas a maior parte das pessoas preferia não chegar perto dele. Limitava-se a ler seus livros e a freqüentar suas palestras".

Murray prosseguiu, dizendo que este livro não ensina como sair vitorioso numa guerra de egos contra os outros, mas sim como tratar as pessoas de maneira adequada. Acrescentou que, quando fazemos isso, estamos sendo de fato bons com essas pessoas. Mas acrescentou que nós nunca poderemos tratar bem uma pessoa se estivermos querendo algo em troca. Disse ainda que se sentia muito grato por aqueles que, em sua vida, não toleraram suas bobagens e que gostaria que todos o tivessem tratado, no passado, como ele descreve nesta obra. Ressalta também que tal atitude o faria olhar para si de forma diferente — o que teria sido muito saudável e proveitoso. E concluiu com a seguinte afirmação: "Se todo mundo se tratasse da maneira correta — sem malícia — imagine só como este mundo seria melhor".

Após escutarmos o que Murray tinha a dizer e depois de relermos este manual, chegamos à conclusão de que vínhamos sabotando nossa vida de modo inconsciente, e ficamos gratos pela oportunidade de aprender cada vez mais. Agora, não precisamos mais continuar a agir como agíamos.

Os Editores da Sourcebooks

Introdução

Há muito tempo, numa terra distante, um grupo de pessoas morava numa aldeia próxima a uma floresta imensa e muito bonita. Os homens plantavam, caçavam e as mulheres colhiam todos os tipos de alimentos deliciosos na floresta. Foi quando em um certo dia, enquanto apanhavam flores para colocar nos cabelos, elas se assustaram ao depararem com um tigre enorme. Assim que os homens perceberam o que estava ocorrendo, correram mata adentro para afugentar o animal. Porém, ao encontrar o tigre, olharam-no, deram meia-volta e saíram dali em disparada. Nunca antes haviam visto um felino tão grande e de aspecto tão feroz.

De volta à aldeia, os homens e as mulheres se reuniram para decidir o que fazer com o tigre. Sentiam-se indefesos e amedrontados. Então, um dos homens sugeriu:

— Vamos perguntar ao Velho Sábio de nossa aldeia o que devemos fazer.

Todos concordaram que era uma ótima idéia.

O sol estava bem alto no céu quando todos os olhares estavam voltados ao Velho Sábio, enquanto este se embrenhava pela floresta, caminhando tranqüilamente com o cajado na mão. Passaram-se mais de duas horas até que o vissem voltando de seu passeio. Todos suspiraram aliviados. Tinham ficado apreensivos de que talvez o pior tivesse acontecido.

Tão logo o Velho se aproximou o bastante para que todos pudessem ouvi-lo, pediu para que fossem encontrá-lo em frente à sua casa, ao pôr-do-sol. Todos concordaram.

O sol ia descendo no horizonte à medida que os aldeões se reuniam para escutar o que o Velho Sábio tinha a dizer. Ele parou diante do povo, examinou cada um rapidamente, olhou para um, olhou para outro. E em seguida, um sorriso animado surgiu-lhe no rosto, anunciando:

— Nunca mais vocês serão incomodados pelo tigre. Ele se foi.

Alguém perguntou:

— Como o senhor fez isso?

— Como eu fiz? Bem, primeiro preciso contar-lhes que sempre gostei de tigres. Na minha juventude, passava horas na floresta esperando ver um tigre. Sempre que encontrava um, mantinha certa distância e me limitava a observar. Muitos tigres na floresta chegaram a me conhecer de vista e pelo faro, permitindo que eu os olhasse. Hoje, quando encontrei o tigre de vocês, não demorei muito a perceber o que estava acontecendo aqui, pois se conhecessem esse animal como eu o conheço, seria fácil enxergar qualquer coisa fora do normal e foi o que fiz bem depressa. O tigre de vocês não agia como qualquer um que eu já tivesse visto e assim levantou minhas suspeitas. Foi aí que decidi observá-lo por algum tempo. Quanto mais olhava, mais minhas suspeitas se confirmavam. Então, saí de meu esconderijo e caminhei em direção ao animal.

Nesse ponto, sussurros de ansiedade emanaram dos aldeões. O Velho Sábio prosseguiu:

— Descobri que o tigre de vocês era falso. Alguns garotos travessos da aldeia vizinha apanharam uma pele de tigre que tinham achado e se cobriram com ela para assustar as pessoas na floresta. Quando descobriram que eu não tinha medo e estava a par do que faziam, rapidamente tiraram o disfarce e confessaram. Eu lhes dei uma bronca e os fiz prometer que devolveriam a pele ao dono e que nunca mais iriam amedrontar os outros. Sinto que, de fato, o problema acabou.

Essa história ilustra perfeitamente como se faz para entender pessoas difíceis. Elas, na verdade, são crianças indisciplinadas vestindo um disfarce.

O objetivo desse manual é mostrar como compreendê-las e ver através das máscaras que usam. É possível lidar com qualquer pessoa difícil. Basta ter calma, segurança e equilíbrio.

Assim, devemos aprender tudo sobre a natureza humana, sem, ao mesmo tempo, nos tornarmos críticos. Não estamos julgando ninguém ao dizer que tal pessoa é difícil, desde que seja verdade e não lhe cause desconforto ao afirmar isso. Compreender melhor os outros significa que também somos capazes de nos compreender melhor.

As 20 pessoas mais difíceis de se lidar

Apresento a você uma lista dos dezenove tipos mais conhecidos de pessoas difíceis de se lidar e um vigésimo tipo, muito misterioso — a pessoa mais difícil de todas, de fato. Atenção! Algumas pessoas difíceis se encaixam em mais de uma categoria.

1. O Pessimista
2. O Intimidador
3. O Sugador de Energia
4. O Desagradável
5. O Crítico
6. O Juiz
7. O Lixeiro
8. O Insistente
9. O "Vítima"
10. O Vagabundo
11. O Cobrador

12. O Melindroso
13. O Sabe-Tudo
14. O Mandão
15. O Introspectivo
16. O Tagarela
17. O Ativista
18. O "Fábrica de Desculpas"
19. O Intrometido
20. A Pessoa Mais Difícil de Todas

Este livro foi elaborado para você consultar essa lista e, em seguida, selecionar os tipos que mais lhe interessarem. Mas, talvez você queira apenas folhear as páginas aleatoriamente. Afinal, não existe uma ordem certa. Para facilitar, os tipos representados neste guia encontram-se, todos, no gênero masculino, mas é óbvio que as mulheres também podem ser pessoas difíceis.

Descrevi cada um dos tipos de pessoas difíceis e também sugeri as reações mais adequadas para se ter diante delas. Às vezes, serão dados exemplos e algumas respostas que lhes forem fornecidas podem até, a princípio, trazer-lhe certo desconforto.

Mas não desanime. Basta lembrar que suas antigas reações não funcionaram; senão você não estaria lendo este livro. Entretanto, há algo agradável quanto a essas novas respostas: você terá consciência ao usá-las, porque elas são diferentes. Você ficará inconscientemente desconfortável. E isso é muito bom!

Portanto, existe algo que você pode observar claramente, uma vez que pessoas difíceis agem de maneira mecânica, elas precisam de suas reações para prosseguir com a má conduta. Quando deixam de ter a reação que esperam, ficam sem alternativa a não ser procurá-la em outro lugar.

Você pode facilmente confirmar isso que estou dizendo apenas observando-as cuidadosamente!

1. O Pessimista

Descrição: tudo o que ele diz denota medo e depressão. Diverte-se muito ao ver sua vítima (você) sentindo-se mal e se você reparar bem, verá que certos meios de comunicação sensacionalistas também entram nessa categoria.

Como você deve reagir diante dele: primeiro, enquanto esse sujeito estiver falando, diga em silêncio: "Não permitirei que minhas emoções sejam abaladas por causa dele". Então, caso você esteja numa conversa com ele, interrompa-o na primeira oportunidade, dizendo: "Desculpe-me, mas preciso ir embora. Tenho um compromisso importante". E saia de perto dele – é claro que o tal compromisso importante é esse que você acabou de cumprir: livrar-se de ser contaminado por uma enorme dose de derrotismo.

2. O Intimidador

Descrição: existem diversas maneiras pelas quais algumas pessoas conseguem nos intimidar ou amedrontar. Algumas delas utilizam a raiva, o negativismo ou uma expressão de maldade no rosto; outras aproveitam o tom de voz agressivo. Sem contar que as próprias características de certas pessoas podem, por si sós, ser assustadoras.

Como você deve reagir diante dele: saiba que a principal ferramenta usada por um intimidador é o medo. Por isso, ele tem o hábito de analisar todas as nossas reações e utilizá-las contra nós. Mas nem todo mundo é intimidado pelo mesmo tipo de valentão.

Mude suas reações e você se livrará de um intimidador. Nunca bajule ninguém, principalmente se for um metido a valentão. Um sorriso amarelo em seu rosto será um motivo para fazê-lo sentir-se dono da situação e, com certeza, isso o chamará para o ataque. Expressar qualquer tipo de negatividade contra essa pessoa também é um modo de jogar lenha na fogueira. É exatamente isso que ele espera para tornar-se ainda mais agressivo.

Mesmo que por dentro você esteja tremendo, limite-se a encarar firmemente esse indivíduo, com um olhar de descrença. Pense em como é inacreditável que um adulto como ele possa agir de modo tão infantil.

Agindo dessa maneira, você vai descobrir que é muito fácil tirar as máscaras de duas pessoas difíceis de lidar, ao mesmo tempo. A primeira é a do valentão que adora intimidar qualquer um que passe por ele. A segunda, daquele que tremia de medo dentro de você.

Um exemplo: tenho aqui uma das dicas mais impressionantes dentre as reveladas neste manual: "Você não tem a obrigação de responder a nenhuma pergunta feita por um valentão!".

É bastante comum um intimidador fazer perguntas inadequadas sobre sua vida pessoal. Ele pode querer saber sobre suas finanças, ou qualquer outro assunto mais particular que, de fato, vai fugir totalmente do que vocês estejam discutindo.

Na próxima vez em que isso acontecer, dê um chacoalhão nessa pessoa dizendo: "Por que você está me fazendo essa pergunta?". Então, enquanto ela ainda estiver se recuperando do golpe, acrescente: "Vamos manter essa conversa dentro do assunto de que estamos tratando". Dessa forma você estará agindo da maneira correta e assumirá o controle da situação.

Mais tarde, reflita sobre o ocorrido — não para massagear seu ego, mas para compreender melhor o funcionamento da dinâmica de causa e efeito nas relações humanas.

3. O Sugador de Energia

Descrição: alguma vez você já se sentiu tão cansado depois de uma conversa com alguém, a ponto de não saber se iria conseguir agüentar o resto do dia? Pois você teve uma conversa com um Sugador de Energia. Pessoas desse tipo são como vampiros, que roubam toda a sua energia pessoal. Adoram ouvir o som da própria voz e por isso falam, falam e falam ainda mais. Sempre dizem coisas negativas e desanimadoras. Também adoram fofocar e fazem o que podem para atrair você para uma conversa baixo-astral — que lhe é extremamente contagiosa e prejudicial!

A negatividade faz mal ao corpo e ao espírito! Mas é claro que esse tipo de sujeito nunca leva em conta que você talvez tenha algo mais interessante a fazer do que permitir que ele sugue sua energia. O objetivo dele é prejudicar você, da mesma maneira que prejudica a si mesmo.

Como você deve reagir diante dele: a melhor coisa a fazer é não lhe dar oportunidade para conversa. Fique atento! Se possível, ao vê-lo aproximar-se, saia de perto. Se não puder, balance a cabeça de vez em quando e diga: "Entendo". Isso não significa que você concorda com ele, simplesmente mostra que o ouve (e entende qual a intenção desse sujeito). Se ele lhe fizer perguntas, responda-as da forma mais breve possível. Diga "sim" ou "não" e nada mais. Em alguns casos, você poderá ignorá-lo completamente enquanto ele fala. Mas fique sempre bem alerta. Não se deixe arrastar pelo papo-sugador — porque é isso que ele quer que você faça.

Quando possível, observe-o conversando com outra pessoa. Repare que ele tem dificuldade em escutar, pois nunca está interessado no que a pessoa tem a dizer. Só fica aguardando uma chance para voltar a falar o mais rapidamente possível.

Conversa desnecessária é um enorme desperdício de energia. Repare como você se sente muito melhor quando evita esse tipo de bate-papo desgastante. Fuja deles!

4. O Desagradável

Descrição: essa pessoa tem fome de atenção. Isso mesmo. Ela adora chocar os outros com grosserias, tudo para estar em evidência no grupo. O Desagradável quer se sentir especial, quer ser notado, e a única maneira que encontra para isso é usar sua agressividade com as pessoas.

Como você deve reagir diante dele: já que ele se alimenta da sua atenção, o melhor a fazer é não dar importância para seu comportamento. Se ele insistir em ser desagradável, saia de perto. Mas, atenção: ele pode disparar uma ofensa em sua direção enquanto você se afasta. Finja que não é com você.

Um exemplo: alguém conta uma piada de mau gosto. Não ria. Se fizer isso, você incentivará esse mau comportamento. Caso outras pessoas estejam presentes e riam, você deve ser o mais forte, aquele que não incentiva esse tipo de comportamento. Muita gente ri apenas para não parecer deselegante, muito embora também não apóie esse tipo de postura desagradável.

5. O Crítico

Descrição: o Crítico é alguém que aponta defeitos em tudo e em todos, mas nunca enxerga as próprias falhas. Esse perfil de crítico é facilmente encontrado em nosso dia-a-dia, nos mais diversos ambientes.

Como você deve reagir diante dele: ao ser alvo de um julgamento inadequado, evite discussões. Neutralize as agressões do Crítico simplesmente concordando com o que ele fala. Diga-lhe algo como: "Sabe de uma coisa? Talvez você tenha razão. Vou prestar mais atenção nisso". Reagindo dessa maneira, você evitará desgastar-se e sentirá uma liberdade interior gratificante.

Um exemplo: Balzac, o famoso escritor e místico francês era constante e injustamente atacado pelos críticos de sua época. Quando os amigos lhe perguntavam como se sentia com relação àquelas críticas, ele respondia: "Por que devo deixar que isso me aborreça? Afinal, eles me ajudam, mostrando-me onde preciso aprimorar minha arte". Sua atitude brilhante era a sua luz pessoal.

6. O Juiz

Descrição: uma pessoa taxativa que sempre faz questão de julgar os outros e impor sua opinião como a última palavra sobre qualquer assunto. Indivíduos com personalidade julgadora acredita entender de todos os assuntos e, por conseqüência, sentem-se no direito de "meterem o bedelho" em tudo, mesmo se não forem chamados.

Como você deve reagir diante dele: na primeira oportunidade faça, sutilmente, o seguinte comentário: "Sempre que ouço uma pessoa julgando outra, lembro-me de um velho provérbio que diz 'Nunca julgue uma pessoa sem saber pelo que ela passou'. Além disso, conheço também as palavras de um velho sábio sobre três diretrizes que devemos considerar antes de fazermos um julgamento: 'O que iremos falar é verdadeiro?', 'Irá magoar alguém?', 'É realmente necessário?'".

Após tudo isso, tenha certeza de que o metido a juiz entenderá a mensagem e, talvez, até venha a lembrar do que Cristo disse: "Não julgueis, para que não sejais julgados" (Mateus 7: 1).

7. O Lixeiro

Descrição: esse sujeito quer despejar em você toda a sujeira que carrega consigo! Ou seja, além de fazê-lo ouvir seus problemas, ainda o contamina com sua conversa lamuriosa. Mas qual é a verdadeira intenção por trás do modo de agir dessa pessoa? Simples: ele não quer ser o único responsável pelos males da própria vida. Então, reclama, lamenta-se e pede seus conselhos. Mas se as coisas não saírem da maneira que ele gostaria, é perfeitamente capaz de culpar esses mesmos conselhos como causadores do problema que vive.

Como você deve reagir diante dele: o melhor a fazer em situações como essas é não aceitar que as pessoas descarreguem o lixo delas em você. Como? Adote a seguinte idéia como base para a sua postura no dia-a-dia: "Não devo incomodar ninguém com os meus problemas nem vou permitir que os problemas alheios me incomodem".

8. O Insistente

Descrição: alguma vez você já teve de interromper uma refeição por causa do telefonema de um vendedor que não aceitava um "não" como resposta? Quando você dizia: "Obrigado, mas não estou interessado", ele retrucava querendo saber o motivo. Teve vontade de bater o telefone na cara dele, mas logo desistiu, com receio de agir de maneira grosseira; daí, mesmo "espumando" de raiva, continuava a conversa. Depois de tanta insistência, você se deu por vencido, comprou o produto ou serviço pelo qual você não tinha interesse somente para livrar-se do chato insistente.

Como você deve reagir diante dele: depois de ter dito "não" pela primeira vez, se a pessoa insistir, empurrando para você o produto ou serviço, desligue o telefone. Não é você quem está sendo grosseiro, e sim o vendedor. Não se sinta culpado por dar um "chega pra lá" nesse inconveniente.

Um exemplo: eis uma situação parecida. Alguém lhe pede algo que você não quer dar. Basta dizer "não". Em seguida, essa pessoa pode pedir para você justificar sua resposta. Então, você retruca com firmeza: "Porque eu não quero". O sujeito insiste e pergunta novamente: "Mas por quê? Por favor, será que você não pode me dizer o motivo?". Finalize, respondendo: "Não perca mais seu tempo, eu já disse que não quero". E encerre a conversa.

9. O "Vítima"

Descrição: a atitude desse sujeito pode ser reconhecida com facilidade — ele vive se lamentando e suspirando pelos cantos. Tudo nele diz: "Por favor, tenha dó de mim" — o jeito de falar, a postura e principalmente a fisionomia. Tudo para mostrar que ele está carregando um fardo muito pesado. O fardo que ele tem na mente é, claro, maior do que qualquer ser humano poderia suportar. Assim, ele se queixa e suspira, esperando que perguntem qual é o problema. Se você fizer isso, a resposta dele, naturalmente, será: "Puxa, até você percebeu?" (e dá um suspiro, satisfeito por você sentir pena dele, e começa a desfilar um rosário de lamentações).

Como você deve reagir diante dele: se você cometer o erro de perguntar-lhe qual é o problema, prepare-se para uma longa e cansativa choramingação. Por isso, nunca faça essa pergunta. Simplesmente ignore as lamúrias e os suspiros. Não morda a isca. Assim, de maneira simples, você irá ajudar essa pessoa a sair da posição de vítima. Além disso, terá um dia muito melhor!

10. O Vagabundo

Descrição: é aquele tipo de pessoa que sempre quer algo sem dar nada em troca. Aquela pessoa que não tem muita intimidade com a palavra "trabalho". Para ela, não existe a hipótese de conquistar algo por meio do próprio esforço. Sente-se sempre muito atraída pela palavra "grátis", porque adora tudo que lhe vem de mão beijada, sem sacrifícios. Conviver com uma pessoa dessas é extremamente desagradável. Afinal, sabemos que na vida não existe nada de graça. Alguém sempre paga pelas coisas. Se o Vagabundo não pagar, e você bobear, quem vai acabar pagando no lugar dele será você.

Como você deve reagir diante dele: nunca dê nada a alguém sem o devido merecimento. Assim, você afastará os possíveis aproveitadores, que fazem de tudo para se dar bem na vida, à custa dos outros. Mas isso não significa que, por exemplo, não deva dar uma refeição a um homem faminto. Saiba enxergar a diferença entre necessidade e oportunismo.

11. O Cobrador

Descrição: "Você se lembra? Está me devendo. Quando precisou de mim, eu estava ao seu lado. Agora sou eu que preciso de sua ajuda". Já ouviu isso antes? Essa pessoa é aquela que faz tudo para ajudar os outros, com a intenção de "acumular créditos" e cobrá-los futuramente. Nada desse sujeito vem sem interesse. Em tudo o que ele faz, há um propósito oculto e interesseiro. Cuidado! Tudo o que quer é mantê-lo amarrado a ele.

Como você deve reagir diante dele: evite débitos com esse tipo de pessoa. Deixe tudo zerado. Caso contrário, você será sempre cobrado por algo que deixou de fazer. Não permita que ninguém lhe deva nada. Tampouco fique devendo a alguém – especialmente se esse alguém for do tipo Cobrador!

12. O Melindroso

Descrição: lidar com esse indivíduo é, sem dúvida, como pisar em ovos. Esse é um tipo de pessoa exageradamente sensível, que, por qualquer motivo, se sente insultada e ofendida.

Como você deve reagir diante dele: evite qualquer atitude negativa com esse tipo de pessoa. Ou seja, quem deve ser cuidadoso, também nesse caso, é você. Não espere que a mudança venha do outro, porque isso é pouco provável. Comece a investir em uma transformação de suas reações internas com relação a essa pessoa – seja mais gentil e solícito com ela. E veja como tudo ficará mais fácil dessa maneira!

13. O Sabe-Tudo

Descrição: o Sabe-Tudo é aquela pessoa que pensa conhecer tudo sobre tudo. Caso você passe pela infeliz experiência de ter um diálogo com esse tipo de pessoa, facilmente irá reconhecê-lo. Não importa o que você diga, a resposta dele sempre será: "Já sei, já sei".

Como você deve reagir diante dele: quando você tenta explicar algo para um Sabe-Tudo, mesmo que seja muito útil e importante, a primeira reação dele é não dar a mínima para o que você fala. Afinal, ele pensa que sabe de tudo, não é?

Nesse caso, o melhor a fazer é aguardar uma nova oportunidade e retomar o assunto posteriormente, quando talvez ele esteja mais receptivo. Uma outra alternativa é questionar o sabichão sobre o assunto a respeito do qual você está tentando conversar com ele. Isso o deixará totalmente desarmado e você terá a palavra.

14. O Mandão

Descrição: você já teve contato com gente que tem prazer em dar ordens e criticar? Pois é, esse é o famoso Mandão que adora dominar a situação e é a teimosia em pessoa.

Em geral, os mandões são pessoas assustadas e muito infelizes. Por isso, usam esse tipo de comportamento desagradável para se defender do medo e da tristeza que sentem.

Como você deve reagir diante dele: ao lidar com mandões, normalmente erramos ao tratá-los com bajulações e também com atitudes agressivas ou, até mesmo, em ficar com raiva deles. Evite conflitos e possíveis desgastes emocionais. Procure tratar a situação como algo tranqüilo e trivial e você não terá problemas em relacionar-se com esse tipo de pessoa.

Uma dica para você: todas as nossas reações negativas, na verdade, não são respostas para as ações ou falas de outras pessoas. São reações aos nossos próprios sentimentos negativos. Pense sobre isso e passe a usar um instrumento poderoso na sua vida: o autoconhecimento.

15. O Introspectivo

Descrição: essa é uma pessoa exageradamente tímida e comunicar-se com ela é praticamente impossível. Além do mais, o introspectivo, muitas vezes, torna-se uma companhia extremamente desagradável, porque ele é tão voltado para si mesmo que não consegue pensar no que está à sua volta.

Como você deve reagir diante dele: em primeiro lugar, não leve as ações dele para o lado pessoal. Na maior parte das vezes, elas não têm relação com você. O introspectivo é apenas um indivíduo muito amedrontado com o mundo externo. Lembre-se de que a sua intenção não deve ser magoar as pessoas, mas conhecê-las para melhorar seus relacionamentos. Por essa razão, muitas vezes compensa tratar os introspectivos com gentileza e com um sorriso afetuoso e receptivo. Outras vezes, pode ser também que tratá-los com firmeza (mas sem agressividade) seja a atitude correta, pois o impacto pode forçá-lo a sair de seu mundinho e começar a interagir com outras pessoas. O essencial para lidar com pessoas introspectivas é ter muita paciência ao estimular uma conversa.

16. O Tagarela

Descrição: é aquela pessoa que não consegue parar de falar. Seus assuntos costumam fugir totalmente do foco. Como aquela manicure que, por falar demais, chega a cortar seus dedos porque não consegue concentrar-se na sua unha. Enche seus ouvidos de conversas desinteressantes, geralmente sobre assuntos pessoais ou sobre a vida alheia. Conviver com pessoas desse tipo é, de fato, uma experiência perturbadora.

Como você deve reagir diante dele: perante um Tagarela, o que lhe resta é ouvi-lo por alguns instantes. Contudo, não permita que ele se estenda muito com seus papos sem nexo. Interrompa-o e diga: "Tudo bem, mas vamos voltar ao que interessa". Caso contrário, prepare seus ouvidos para um bombardeio de falatórios.

Nota: observe com que freqüência esses tagarelas se aproximam de você para contar-lhe, de maneira indiscreta, suas histórias e assuntos absurdos. Talvez você descubra algo em seu próprio comportamento que os esteja atraindo.

17. O Ativista

Descrição: ele tem uma missão — acredita que foi escolhido pessoalmente para mudar o mundo. Julga-se um ser puro, sem maldade, incapaz de causar problemas ao planeta. Ele sempre tem a solução para os infortúnios da humanidade e insiste em espalhar aos quatro cantos tudo o que sabe. O problema é que ele quer mudar tudo, mas não percebe que também precisa passar por mudanças.

Como você deve reagir diante dele: chame-o de lado e diga algo como: "Você merece todo o respeito por sua luta, mas por experiência própria aprendi que a mudança deve começar dentro de nossa casa. Ninguém consegue mudar a humanidade sozinho. Mas pode mudar a si mesmo. Podemos começar praticando, por exemplo, a honestidade, a caridade e a gentileza. Se fizermos isso, já contribuiremos para mudar o mundo".

18. O "Fábrica de Desculpas"

Descrição: o "Fábrica de Desculpas" sempre encontra uma justificativa furada para todas as vezes que comete um erro ou não desempenha uma tarefa para a qual foi designado. Jamais usa frases do tipo "Cometi um erro" ou "Eu estava errado", pois não consegue admitir suas falhas. O mais triste nesse tipo de indivíduo é que ele não utiliza o cérebro para pensar de maneira correta. Se procurasse aprender com os próprios erros em vez de dar desculpas esfarrapadas, sem dúvida passaria a executar melhor aquilo a que se propusesse.

Como você deve reagir diante dele: não reaja de forma cruel, mas mostre firmeza. Eis algo bastante adequado para você dizer a ele: "Meu amigo, se você quer passar a vida justificando seus erros, isso é um problema que diz respeito somente a você. A questão é que você não cumpriu com o que prometeu. E nós não estamos aqui para brincadeiras".

19. O Intrometido

Descrição: essa é aquela pessoa que se intromete onde não é chamada, mete o nariz nos assuntos alheios e adora dar "conselhos sábios" sem que ninguém os tenha pedido. Os Intrometidos sempre dizem o que os outros deveriam fazer, mas a vida deles mesmos geralmente é uma verdadeira bagunça. Trata-se de um caso típico descrito no dito popular "O roto falando do esfarrapado".

Como você deve reagir diante dele: diga ao Intrometido que todas as sugestões dele são excelentes e valiosas. Porém, uma vez que ele pensou nelas, deveria investir seus esforços em implementá-las na própria vida em vez de dar conselhos aos outros.

Um exemplo: você decidiu matricular seus filhos em uma escola pública perto de sua casa. Um conhecido seu é um Intrometido clássico e se mostra preocupado, dizendo que as crianças não vão ter uma educação de qualidade. Mas a grande verdade é que ele não tem conhecimento sobre as atividades daquela escola. Ele é apenas um Intrometido padrão querendo cumprir o seu papel.

Depois de tentar explicar a essa pessoa, em diversas ocasiões e sem sucesso, que a escola em questão tem um histórico de ensino muito bom, você decide se divertir um pouco com o tal Intrometido. Convide-o para um almoço e para conversar um pouco. Durante o almoço, você diz:

— Estive pensando em tudo o que você vem me dizendo sobre as possíveis conseqüências negativas de eu matricular meus filhos em uma escola pública. Então, pesquisei bastante e descobri uma escola particular muitíssimo respeitada, e acredito que será ideal para as crianças.

— Fico muito satisfeito por você ter reconsiderado — responde o Intrometido. — Tenho certeza de que será a escolha certa para seus filhos.

Em seguida, você diz:

— Então estamos de acordo. E já que estamos falando nisso, a mensalidade dessa escola é de 1.000 reais por aluno. Já que não posso pagar por isso, pensei que você gostaria de colaborar comigo no pagamento dessa despesa. O que acha?

A partir desse momento, é bem provável que você tenha uma pessoa difícil a menos em sua vida.

20. A Pessoa Mais Difícil de Todas

Descrição: ela raramente admite quando erra, se é que alguma vez já admitiu. Está sempre segura com relação à própria vida e às dos outros também. Contudo, sua infelicidade evidente prova o contrário do que ela quer aparentar. Outras pessoas enxergam esse indivíduo como ele é na verdade; ele, porém, não consegue ver a si mesmo de maneira honesta. No fundo, sabe que essa descrição cai como uma luva em seu caso, mas prefere ignorá-la a ter de encarar a verdade.

Você conhece alguém assim? Pois essa pessoa não é ninguém mais senão você mesmo. Verdade. Não existe ninguém mais problemático do que nós mesmos. A grande verdade é que ninguém provoca nossas reações internas. Somos nós mesmos que fazemos isso. Sofremos exatamente por causa dessas reações — e não devido às ações de outras pessoas! Claro que há pessoas desagradáveis à nossa volta, cujo comportamento é indesculpável. Entretanto, as piores desculpas são aquelas que você dá para justificar suas mágoas internas. Por isso, pare de se enganar e aprenda a enxergar e a corrigir seus deslizes.

Como você deve reagir diante de você mesmo: perceba suas reações à medida que elas forem ocorrendo. Fique de lado, como um observador curioso. Não julgue o que vir, apenas observe. Você descobrirá um segredo maravilhoso: a origem de toda a sua dor está em suas reações erradas.

Um exemplo: em um artigo de jornal uma cantora e atriz dizia que, quando estava passando por uma situação difícil na vida e um amigo dizia "Cai fora dessa!", ela queria bater nele. Sem saber, ela estava na verdade lutando pelo seu direito doentio de se machucar. Os amigos a orientavam de maneira saudável e sincera. Sim, porque para quem está de fora da situação é muito mais fácil observar e enxergar com nitidez. Contudo, ela fazia questão de permanecer na sua dor, porque gostava de sentir pena de si mesma. Na verdade, todos adoramos sofrer sem necessidade! E quando alguém nos diz: "Cai fora dessa!", queremos agarrar essa pessoa pelo pescoço. Precisamos parar com esse comportamento infantil, se quisermos realmente crescer.

Pense a respeito: parece que vivemos num mundo de chorões, gente que não quer assumir a responsabilidade pelos próprios atos. Sempre temos uma desculpa para nossa má conduta e nossas desvantagens. Os grandes vitoriosos que o mundo já teve devem estar revirando-se em seus túmulos — lamentar-se, de certo, não era com eles.

Temos de mudar essa nossa natureza de lamúrias, e mudá-la já! O sucesso na vida real está reservado para os espiritualmente maduros.

A única liberdade verdadeira que existe é aquela que nasce no interior de cada um de nós, quando nos libertamos das nossas reações inadequadas, que nos causam dor. Reconhecer os problemas simplesmente como aquilo que eles são de fato, sem dramas, e encará-los com naturalidade e confiança, dará um novo impulso para o seu crescimento e a sua satisfação pessoal.

Quarenta perguntas e respostas úteis sobre pessoas difíceis

1. **É possível lidar com outras pessoas sem passar por aborrecimentos nem irritações? E também não ser negativo nem culpar os outros pelo que estamos sentindo?**

A maneira como direcionamos nossos sentimentos e o tipo de vida que temos é responsabilidade exclusivamente nossa. É assim que tudo funciona. Não existiriam pessoas difíceis se todo mundo assumisse a responsabilidade sobre os próprios sentimentos e atos. Contudo, poucos agem assim. Mas nós podemos deixar de ser pessoas difíceis. Além do que, ao nos desfazermos de nossas reações e emoções negativas, por conseqüência, nunca mais alguém será uma pessoa difícil para nós.

2. **Parece que praticamente todo mundo que conheço é uma pessoa difícil. Acontece assim mesmo ou seria o meu ponto de vista?**

Toda pessoa é difícil se você reage a ela de maneira incorreta. A convivência será fácil caso você saiba lidar corretamente com essa pessoa.

3. **O livro classifica vinte tipos de pessoa difícil. É verdade que sou como todas elas, mas em ocasiões diferentes?**

Sem dúvida alguma. Cheguei a esses vinte tipos de pessoa partindo de observações feitas de mim mesmo. Qualquer pessoa honesta admitirá que já esteve na pele de todas elas. Eu sem dúvida já estive.

4. **Quando fala do Intimidador, o livro revela que na realidade são dois tipos: a pessoa com quem estou lidando e a que está dentro de mim. Como é isso?**

O valentão parece, à primeira vista, ser um só. Mas não é bem assim. Existe um outro valentão no seu interior, que se expressa na sua reação contra o indivíduo que você chama de valentão. Passe a observar com cuidado e perceba se é realmente aquela pessoa que o importuna ou se são as suas reações negativas que, de fato, incomodam. Então, pare de pôr a culpa nos outros. Veja os fatos como eles realmente são e determine o fim do Intimidador que está dentro de você.

5. **Tenho uma pessoa difícil na minha vida, quase impossível de suportar. Sempre que ela está por perto, eu mudo. De simpático e confiante, eu me transformo em fraco e tímido. O que fazer?**

A maioria de nós já passou por isso. Como sempre, a resposta está dentro de cada um. Se minha reação diz que posso me mostrar confiante com outra pessoa, então fico confiante. Se, porém, minha reação é ter medo, torno-me muito passivo e tímido. No primeiro caso, minha reação é a de quem se sente um tanto superior, tornando fácil ser simpático e confiante. Entretanto, se tenho medo de alguém, de uma hora para outra, sinto-me inferior. Por isso, ao trabalhar com os princípios esboçados nesse livro, você poderá definir melhor como se portar diante de qualquer pessoa.

6. **Tenho um parente que é muito difícil. Falo uma coisa, ele entende outra. Como lidar com isso?**

Sabe como é o ditado: "Parente a gente não escolhe". Então, o melhor a fazer seria mudar para outra cidade? Claro que não! Isso já foi abordado no capítulo sobre o Melindroso. O que ele espera é que você tenha uma reação negativa. Portanto, não faça isso jamais e aprenda a lidar com ele.

7. **No trabalho, se meu chefe usa um tom de voz mais firme ao falar comigo, posso até me esforçar, mas acabo chorando. Que devo fazer?**

Você deve tratar de um problema interior, que tem relação com seu chefe. Pense nisso. Que modo horrível de viver é esse, reagindo ao tom de voz ou à expressão facial de alguém!? A verdadeira solução para esse problema é você assumir que se trata de fato de um problema interno e verifique como se livrar disso. Você verá que tudo não passa de uma reação mecânica. Talvez, na sua infância, alguma figura de autoridade tenha falado com você usando determinado tom de voz e, provavelmente, a sua reação foi a de choro e que permanece até hoje. Chamamos a isso de condicionamento. Da próxima vez que isso acontecer, apenas observe o que você está sentindo, tolerando a sensação de desconforto que a situação lhe trouxer. E aprenda a lidar com ela. Isso é uma das coisas da vida que só se aprende fazendo.

8. **O livro menciona o Desagradável. Há uma pessoa, no meu trabalho que vive fazendo observações e piadas de péssimo gosto, coisas que não quero ouvir. Como me livrar dela?**

Numa situação em que não podemos nos livrar de certas pessoas, é preciso dizer: "Olha, não estou interessado nisso. Ficaria feliz se a gente conversasse sobre qualquer outra coisa, mas não quero ouvir nem falar sobre esse tipo de assunto".

Embora isso possa vir a causar certo choque, é uma atitude totalmente saudável. Não se trata de grosseria de sua parte. A outra pessoa é que está sendo o grosseiro da história, colocando-o numa situação desagradável, forçando-lhe a agir de tal maneira.

9. **Existe um Vagabundo em minha vida — que vive me pedindo dinheiro. Como saber quando devo ceder ao pedido dele e quando não devo?**

Vagabundos, em geral, são ociosos. O que será que o leva a ceder aos pedidos dele? Você se vê como uma pessoa gentil e prestativa ou uma pessoa superior? Aqueles que têm essa auto-imagem morrem de ressentimento, pois para sustentá-la, fazem coisas que na verdade não desejariam fazer. Sempre que um sujeito como esse lhe pedir dinheiro, faça a si mesmo a seguinte pergunta: "Por que eu deveria atender o pedido desse vagabundo?". E siga o que diz o seu sentimento mais verdadeiro.

10. **No meu trabalho, todo mundo pensa que minhas orelhas são latas de lixo. Gostam de despejar nelas todas as suas reclamações e dificuldades. Por que sempre caio nessas armadilhas?**

Porque você não está atento. Não aprendeu sua lição. Qual será o conceito que você quer que as pessoas tenham a seu respeito? Quer que gostem de você? Não existe nada pior do que querer que os outros o apreciem. Não tenha medo de que não gostem de você.

11. **Há uma pessoa no meu trabalho que depende demais de mim. Não nos dávamos bem a princípio, mas agora ele é sempre gentil e atencioso. Como você classificaria esse tipo de pessoa difícil?**

É o Cobrador. Quer obter algo de você, então dá o que acha que você quer, para conseguir o que ele deseja. Pelo nosso comportamento, dizemos aos outros todo tipo de coisas e, observando o seu comportamento, o Cobrador vê como poderá explorá-lo, assim, saberá exatamente o que fazer para obter o que quer. E se você observar de maneira clara e honesta, poderá perceber de que modo está agindo para atrair isso em sua vida.

12. **O Juiz e o Crítico são, de fato, pessoas que moram em minha mente?**

Sim. Se você agir com perspicácia e observar em seu interior, irá perceber que é assim — isso vale tanto com os outros quanto consigo mesmo.

Mas pagará um preço muito alto por ser esse tipo de pessoa ou por ter esse tipo de natureza.

Por isso, convém mudar seu comportamento, para não mais apresentar essa característica. Não quero dizer que deva fingir que é outra pessoa, mas sim fazer uma mudança real e livrar-se de tudo dentro de você que seja taxativo e crítico. Isso pode ser feito a qualquer momento, é só querer, pois você não nasceu assim. Não vemos crianças pequenas julgando nem fazendo críticas. Portanto, tente se livrar desse comportamento.

13. Com freqüência o livro enfatiza que sejamos responsáveis por nossas ações. É disso que realmente precisamos?

Sim! Pense nisso. Como seria o mundo se cada um de nós assumisse a responsabilidade pelas próprias ações, até mesmo por aquelas nossas reações internas? O mundo ficaria irreconhecível diante de nossos olhos. Mas, é claro que isso não vai acontecer. Porém, você e eu podemos fazer com que isso aconteça. Dessa maneira, nosso mundo interior será divino. Recuse-se a permitir que qualquer energia negativa crie raízes e se desenvolva dentro de você.

14. Descobrir que sou uma das pessoas difíceis do livro é uma experiência desagradável. É normal isso?

Se você usá-la de modo correto, será uma experiência formidável! O autoconhecimento é imprescindível para o crescimento espiritual. Só seu ego, seu falso eu, é que sentirá um certo desconforto. Mas você não é seu ego, embora pense que seja. Caso se limite a agüentar a sensação de incômodo e desconforto por tempo suficiente, experimentará um alto nível de liberdade.

Assim como todos nós, você passou a vida sem nunca ter tido consciência do que acontecia em seu interior. Na maior parte do tempo ocultou isso de si mesmo. Afinal, sua intenção não era saber de nada desagradável a seu respeito. Contudo, quando você se mantém consciente do que acontece em seu interior, sem julgar nada, e suportando a inevitável sensação de mal-estar, está convidando a luz da sua consciência a brilhar. Assim, poderá iluminar uma parte de seu próprio interior, que antes se achava escuro. Nesse recinto interior iluminado, você saberá quem é na realidade.

15. Por que olho para os outros, percebo que são pessoas difíceis, que têm uma porção de problemas e, entretanto, não consigo enxergar isso em mim?

A comparação é algo terrível. Em geral fazemos isso para nos sentirmos melhores ou piores do que os outros. Mas, que tipo de pessoa faria uma coisa dessas? Alguém com mente e espírito sadios precisa fazer comparações? Então, por que não se limitar a empregar sua energia para aprender a observar a si mesmo e a limpar todo o lixo interior, jogar fora todas aquelas coisas das quais você não precisa? Esqueça as comparações!

16. O livro descreve o Sugador de Energia. Nunca reparei que existem pessoas capazes de roubar nossa disposição. Como é que eu nunca tinha percebido isso?

Nunca nos falaram a respeito disso. Achávamos que as coisas aconteciam da maneira como aconteciam e se presumia que era assim mesmo que tinha de ser. No entanto, agora que notou a necessidade de manter suas energias, isso passou a ser algo importante para você. Sua energia passou a ser muito valiosa e, por isso, deixará que a roubem. Então, não permita que suguem sua energia com conversas inconvenientes.

17. A vaidade seria um ponto em comum entre todas essas vinte pessoas difíceis?

Sim. Pessoas difíceis nunca se preocupam com os outros. Sempre se relacionam da maneira errada. Esse é um dos motivos pelos quais são tão difíceis. Só pensam naquilo que querem. Vivem tropeçando psicologicamente nas pessoas e criando problemas. Não queremos ser assim, não é mesmo? Foi por essa razão que escrevi este livro. Todos já fomos desse jeito, e é hora de mudar.

18. Durante todos esses anos perdi tempo tentando descobrir o comportamento de minha sogra, que sempre me criticou. Não seria melhor se eu houvesse tentado descobrir por que isso me incomoda tanto?

O motivo de sua sogra ser tão crítica é o fato de você não ter casado com o filho dela antes. Há anos ela vem tentando se livrar dele! Depois de tanto tempo juntos, você não percebeu que ela queria ter ficado longe dele bem antes do seu aparecimento? Agora, falando sério, temos um crítico interno que não nos deixa em paz. E por ouvirmos essa voz interior, também escutamos essa pessoa que nos critica no exterior. É preciso ver se esse é o caso. Quando você tem uma visão completa e equilibrada de si, ambos os críticos deixam de ter efeito. Quem você é, na realidade, não tem ligação alguma com o que essas pessoas dizem.

19. Por que não consigo enxergar as pessoas difíceis se aproximando de mim antes de ser tarde demais?

Na verdade, raramente temos consciência de onde nos encontramos e do que estamos fazendo. Temos de manter a mente onde o corpo está, e não deixá-la divagando pelo passado ou futuro. Precisamos saber o que está acontecendo, a cada instante, dentro e fora de nós. Afaste-se dos devaneios, sejam eles agradáveis ou não e volte para a terra.

Torne-se intensamente consciente. Saber o que você faz e onde está resolverá uma porção de seus problemas com pessoas difíceis. Ao mesmo tempo, saiba qual é o seu pensamento e sentimento e o que está ocorrendo dentro de você. Não é possível fazer alguma coisa de maneira acertada se o seu psicológico está em outro local. Na verdade, se as pessoas difíceis pudessem mesmo se ver em ação, elas não seriam assim.

20. **O livro afirma que as pessoas difíceis não passam de crianças usando disfarces. Por que é tão difícil ver isso sem reagir de forma negativa?**

Na verdade, sabemos muito pouco sobre a psicologia aplicável dos seres humanos. O motivo pelo qual temos problemas com as pessoas que têm corpos maduros e personalidade infantil é que não nos compreendemos de verdade. O segredo é a autocompreensão. Dessa maneira, podemos enxergar os outros como são na verdade, pois nos vemos como realmente somos. Fique a sós com você durante quinze minutos, todas as manhãs, com um espírito de iluminação e fique apenas observando seus pensamentos. Deixe-os vir e deixe-os ir. Você vai aprender muito com isso.

21. Por que determinada pessoa — um exemplo clássico de Cobrador — me perturba tanto, mas não parece incomodar outras pessoas?

Por experiência própria, posso afirmar que sempre que aparecia alguém que mexia comigo, que de fato me perturbava, de quem eu não gostava mesmo, era uma pessoa muito parecida comigo! Agindo de forma taxativa com essas pessoas, eu escondia a verdade de mim mesmo. O que se pode fazer, e eu recomendo isso a todos, é passar mais tempo com quem realmente o tire do sério, para que você perceba onde de fato está o problema. Assim, verá que isso se relaciona com a imagem que tem do tipo de pessoa que você é em oposição ao tipo de pessoa que realmente é. Enxergar como somos de verdade traz uma enorme sensação de liberdade. É um fardo imenso que se carrega, quando fingimos ser algo ou alguém que não somos.

22. Em meu local de trabalho, há um bom exemplo do Sugador de Energia. Ele rouba muita energia de todos que o cercam, pois se compromete a fazer determinada tarefa, mas não faz. Existe algum truque para conseguir que as pessoas cumpram suas promessas?

Se você descobrir esse truque, me avise! Hoje em dia é praticamente impossível encontrar pessoas que realizem tudo aquilo que prometem fazer.

A maneira correta para lidar com uma situação difícil como essa é não fazer nada que seja incorreto. Esse é o jeito de lidar com essas pessoas. Por exemplo, não demonstre seu negativismo. Tolere-os de forma consciente, ou, como podemos dizer, fique ruminando suas reações negativas até desistir delas. Desista da hostilidade.

23. Quando conheci meu marido, ele era doce e encantador. Ríamos bastante e ele se dedicava muito a mim. Hoje ele é chato, maçante e resmunga a maior parte do tempo. Como um homem pode mudar de maneira tão drástica?

Veja só! Você se casou com o homem dos seus sonhos. Agora, ele está mais para o homem dos seus pesadelos. Mas existe aqui uma questão diferente: será que um belo pombo pode se transformar em um corvo horroroso? O problema é que quando estamos interessados em alguém vemos o óbvio, mas deixamos de lado! Sempre há uma voz interior, muito longínqua, apontando o que deveríamos levar em conta, só que, movidos pelo desejo, nos recusamos a prestar atenção ao aviso. Não admitimos ver essa pessoa como de fato ela é. Quando queremos algo uns dos outros, apresentamos nosso melhor comportamento. Assim, temos esse tipo de situação, ou seja, dois corvos que fingiam ser pombos! Mais tarde, ambos descobrem que se envolveram equivocadamente com um corvo. Precisamos ser francos desde o princípio de um relacionamento e manter os olhos sempre bem abertos.

24. Não deveríamos agir com sinceridade e franqueza com as pessoas difíceis em vez de tentar usar a diplomacia e evitar melindrá-los?

Depende. Às vezes ser diplomático é o correto. Não é bom agir com falta de tato. Às vezes, uma pessoa se acha incomodada ou irritada por causa de algo ocorrido, de algum problema ou de um fato com o qual não sabe lidar. Ela está sendo difícil por causa de algo que a deixou assim. Talvez o melhor a fazer nesse momento seja usar diplomacia e lidar com ela gentilmente. Por que piorar as coisas? Há uma lei da Física que diz que para cada ação existe uma reação. Se você for duro, a pessoa difícil entenderá que a está pressionando e tentará se defender, agindo da mesma forma.

25. Quando saio de uma situação ruim com uma pessoa difícil, levo comigo sentimentos negativos. Por que não consigo deixá-los de lado?

Direi algo que ninguém quer ouvir: é muito melhor permanecer no campo de batalha. Ou seja, ficar no meio de uma situação que você não sabe administrar é melhor do que fugir do confronto. Às vezes, a própria situação irá ensinar-lhe como lidar com ela. Você terá de enfrentar alguns percalços, alguns golpes psicológicos. Se, porém, conseguir manter-se nela por tempo suficiente, vai se sentir tão desconfortável que acabará por entender o que está acontecendo. Ficando na zona do desconforto, você poderá descobrir e eliminar a verdadeira origem desse desconforto. A resposta sempre está dentro de nós. É necessário vivenciar a situação para descobrir o fato que trará sua cura.

26. Sinto-me fraco ao lidar com pessoas difíceis. Quero ser forte e misericordioso. Como fazer para deixar de ser o que sempre fui?

Lidar de maneira correta com pessoas difíceis é, na verdade, autoconhecimento e também aprender sobre nós mesmos o que não queremos saber. Ao aprender que tenho lidado com as pessoas inadequadamente, acabo ganhando compreensão sobre mim mesmo.

Contudo, não posso ficar me culpando por aquilo que vejo. É preciso ter uma atitude de indiferença para aprender; apenas observar. Não tenho de fazer nada. Ao agir como se estivesse vendo a situação de fora, chegará um momento em que irei mudar, porque minha essência não permitirá mais determinados comportamentos. A mudança ocorrerá de maneira natural, porque permiti que isso acontecesse.

27. Por que fico remoendo tantas vezes em minha cabeça um contato que tive com uma pessoa difícil?

É a síndrome do disco riscado. Todos já passamos por essa experiência. Será que faço isso para me convencer de que estou certo e os outros estão errados? E, sem dúvida, a outra pessoa me acha tão difícil quanto acho que ela é. Assim, fico remoendo a situação em minha mente, mudando uma coisa ou outra para ajustar minhas lembranças de maneira que eu nunca seja o vilão da história, tentando sempre ser o mocinho. Puro egocentrismo, não acha?

28. O livro parece sempre dizer que sou igual a todas essas pessoas e que preciso, antes de tudo, olhar para o meu interior. Estou certo?

Sim. Você está no seu mundinho, e as outras pessoas no mundo delas. O que ocorre na verdade é um confronto entre esses mundos. Normalmente, não existe de fato uma interação, como pensamos — não há um relacionamento real. Só nos relacionamos de verdade quando aprendemos a baixar a guarda e tentamos nos colocar no lugar do outro.

Somente nos relacionamos de verdade quando deixamos os nossos papéis de Melindrosos, Cobradores, Críticos...

Para evitar esses confrontos com as outras pessoas é necessário deixar de lado toda a nossa hostilidade, nossa raiva, nossa inveja e assim por diante. Não é fácil, pois, assim como todas as outras pessoas, temos esses hábitos e nos sentimos apegados a eles. Temos a sensação de que esse nosso comportamento é importante nos tornando seguros, mas na verdade, não é assim. Essa situação de estar sempre pronto para a briga é, de fato, uma faca de dois gumes. Afinal, não podemos ferir um outro ser humano sem antes ferirmos a nós mesmos.

29. Como manter em mente todas as reações corretas que devo ter com as pessoas difíceis e que estão sugeridas no livro?

Se você encher sua mente com todas essas idéias e tentar lembrar-se delas, sua cabeça ficará confusa, e essa não é a minha intenção. O que você precisa é ter sempre a mente relaxada, aberta e fluente. Assim, quando ler algo em um livro, ou aprender algo em uma aula, deverá sentir o que, realmente, servirá para você e qual a atitude mais adequada a ser tomada quanto ao que aprendeu. Basta fazer isso e, no momento certo, a sua reação correta surgirá.

Os problemas que arrumamos com os outros, normalmente, começam de idéias que assumimos como certas ou erradas. Por isso, não há soluções prontas. Elas devem ser flexíveis e adequadas a cada momento.

Acredito, portanto, que basta manter a essência deste livro em seu coração. Não estou tentando simplesmente ensinar para as pessoas algo que escrevi. O livro foi escrito para que você conheça essas idéias e as aplique prestando atenção na realidade de sua vida. Qualquer um pode utilizar e experimentar a adequação desses ensinamentos.

30. Quando me encontro em determinadas situações com pessoas difíceis, esqueço de tudo o que li aqui e reajo de maneira impulsiva. Como posso deter minhas reações erradas?

O que você quer dizer é que recebe o impacto emocional antes de reconhecer o que aconteceu de verdade. Mesmo sentindo seu erro ou que a sua reação é inadequada, ainda assim você é arrastado pela situação.

Eis o segredo para resolver isso: reduza a velocidade de seus pensamentos e de suas emoções. Passe a ser um observador de si mesmo. Em seguida, você perceberá que é capaz de frear seus impulsos antes de dizer ou fazer qualquer coisa inadequada. Com a prática, isso se tornará um ato consciente e evitará suas reações automáticas e negativas.

31. Não reagir a pessoas difíceis, como por exemplo, não expressar incômodo com a situação, não seria uma atitude hipócrita ou falsa?

Em geral, quando você não reage a uma provocação, formula melhor seu conceito e procura não criticar outras pessoas nem tentar corrigi-las. Essa é uma opção sua e não tem relação com falsidade ou hipocrisia. Em minha vida, descobri que nunca fui capaz de mudar ninguém. E nunca vi ninguém conseguir tal proeza. Então, seria muito melhor eu mudar minha postura e não reagir a pessoas difíceis. Eu posso fazer isso, só depende de mim. E, provavelmente, muitas pessoas irão se beneficiar com isso se estiverem dispostas a melhorar a si mesmas.

32. Um dia desses alguém montou uma armadilha para ver se eu comprava uma briga com ele. Mas eu sabia que não devia revidar. Senti que foi bom enxergar o que estava acontecendo e me limitar a observar minhas reações, sem cair naquela cilada.

É isso mesmo. Todos nós precisamos agir assim mais vezes. Simplesmente não fazer o que sempre fizemos com relação às pessoas difíceis. Assim, poderemos ter uma nova experiência: a de ver coisas em nós mesmos que não imaginávamos que existissem. Isso é mesmo muito estimulante. Quero dizer a você que isso é vida! E é muito diferente daquela vida entediante e monótona que a maioria leva, tentando o tempo todo provar que estão certos e que os outros estão errados.

33. O livro afirma que a pessoa mais difícil de todas somos nós mesmos. Recentemente, percebi que costumo estabelecer para mim uma agenda impossível de ser cumprida e, depois, tento atendê-la ansiosamente. Então, isso quer dizer que estou me portando como uma pessoa difícil para mim mesmo?

Sim. Mas você sabe por que age assim? Primeiro, porque participar dessa missão impossível faz você se sentir importante. Além disso, o faz sentir-se superior, se comparado com todas as outras pessoas que não têm essa missão. "Eu sou o maioral, tenho muito que cumprir...". E também, você poderá ficar ansioso demais com isso e adoecer — e isso seria a glória: "adoecer de tanto trabalhar". Acredite se quiser, mas as pessoas gostam muito de todos esses pontos.

34. A nossa sociedade pode nos influenciar a sermos pessoas difíceis, nos ensinando comportamentos errados?

A sociedade tem muita dificuldade de chegar a entendimentos. Assim, o máximo que ela pode fazer é dar a seus filhos essa mesma falta de compreensão. É exatamente dela que colhemos a situação que hoje vivemos. Isso, porém, não significa que estejamos condenados a permanecer assim. Podemos nos educar e mudar a nós mesmos de um modo mais satisfatório.

35. Quando algo sai errado em meus relacionamentos, sempre acabo magoado. Essa é uma reação errada?

Todos nós já nos magoamos alguma vez. O melhor que posso dizer é que todos precisamos amadurecer. Todos, não importa a idade, precisamos superar o sofrimento e crescer.

Esse é apenas mais um exemplo de nossa incompreensão a respeito de nosso lado psicológico e de como nossa mente funciona. Tudo são apenas pensamentos. O modo como nos relacionamos com as pessoas está ligado ao que pensamos sobre elas e sobre as fantasias que criamos em torno delas. Trata-se apenas do processo de nossos pensamentos atuando de modo automático, criando ilusões.

Nossas reações precisam vir de nossos sentimentos reais, e não dos nossos pensamentos. Não interessa quem você pensa que é nem os livros que lê — no final das contas, tudo o que realmente importa vem de dentro de você.

36. Então, a pessoa competente ou mesmo a pessoa insegura que acho que sou não passa de uma armadilha dos meus pensamentos?

Pare por um instante e pense: se você deixasse de rotular-se e não tivesse a pretensão de ser o que quer que seja, isso não eliminaria uma série de pessoas difíceis em sua vida? As pessoas são difíceis para você porque você quer que elas o olhem e o tratem de determinada maneira — o que elas nem sempre fazem. E se você não tivesse consciência de nada a respeito disso, isto é, se você não ficasse se imaginando como essa pessoa fantástica, que sempre deveria ser tratada de modo especial? Haveria pessoas difíceis em sua vida? Você mesmo se consideraria uma pessoa difícil?

Talvez as pessoas o estejam tratando da maneira que você se qualifica. Talvez você mesmo esteja tratando-se de acordo com o que pensa a seu respeito.

37. Então, é melhor enxergar as pessoas difíceis e as situações embaraçosas de maneira diferente, como oportunidades, em vez de evitá-las ou se opor a elas?

Exatamente. Trata-se de uma escola de desenvolvimento interno. Cada situação, cada pessoa difícil é um professor que nos mostra o que precisamos aprender sobre nós mesmos. Essa é a única forma de nos libertarmos de pessoas difíceis ou de situações complicadas; libertar-se daquilo que não entendemos sobre nosso próprio comportamento. Quando conseguimos entender a nós mesmos, nós nos livramos dos obstáculos que construímos em nosso caminho.

38. Quando alguém desafia minhas idéias, fico irritado. Por que tenho de deixar que o comportamento dessas pessoas domine meus sentimentos?

Imagine-se dizendo para si mesmo o seguinte: "Olhe, é óbvio que existe muita coisa na vida que eu não conheço nem entendo. Assim, vou passar a vida toda aprendendo. Vou continuar estudando sobre a vida e sobre o que é realmente verdade, de acordo com uma compreensão mais elevada. Sei que jamais alcançarei o cume dessa montanha, portanto, jamais serei o maior de todos, porque sempre haverá o que aprender".

Precisamos ter sempre esse tipo de atitude, ou seja, precisamos assumir a responsabilidade pelo que ocorre dentro de nós. Somos estudantes da vida. Queremos aprender mais sobre ela. E fazemos isso observando nossos sentimentos e comportamentos.

Se todos continuarmos a fazer o que estamos fazendo agora, continuaremos recebendo o que sempre recebemos da vida. A única maneira de obter algo melhor é deixar de fazer o que sempre foi feito, e que só tem piorado as coisas! Se eu continuar a comer certo tipo de alimento que me faz mal, vou continuar me sentindo mal. O mesmo vale em termos psicológicos. Não sei como vou me sentir ao parar de fazer da maneira como sempre fiz. Só sei que não me sentirei mais como estava me sentindo até então. Além do que, todas as vezes que eu errar, terei lições para não errar novamente.

39. A maioria das pessoas difíceis da minha vida fazem parte do meu passado, mas minhas lembranças do que elas fizeram ou disseram continuam presentes. Como lidar com isso?

Vá até a lixeira mais próxima, jogue todo esse lixo nela e nunca mais se preocupe com ele. Saiba que essas recordações desagradáveis e negativas lhe fazem mal e você precisa livrar-se delas. Não seria diferente de ir ao médico e contar a ele que você não se sente bem. Ele lhe diria, talvez, que você está comendo muito açúcar, ou bebendo muito refrigerante, e que isso está perturbando o seu organismo. Assim, você deverá abandonar tudo isso, caso queira recuperar a sua saúde.

Estou lhe dizendo o mesmo: tudo o que você guarda do passado está lhe fazendo mal. E mais ainda: o modo como você lembra delas talvez não seja o modo verdadeiro como aconteceram. Mas tudo já passou e acabou. Não existe mais, a não ser em sua memória. É o único lugar em que as recordações dolorosas ainda existem.

Você pode se livrar de tudo isso, jogando no lixo, psicologicamente, todas essas lembranças ruins. Livre-se delas. Quando alguma delas retornar e quiser se instalar em sua mente, diga: "Não! Não vou mais permitir isso!". Repita isso até que, enfim, sua mente assimile essa idéia e, então, essas recordações desaparecerão.

40. Este livro consegue realmente estimular mudanças nas pessoas? Ele ajuda de verdade no trato com pessoas difíceis?

Não há nada melhor do que falar aos outros as coisas certas, que precisam ser ditas. Mas não pretendo doutrinar ninguém. As pessoas querem, ou não querem, melhorar sua vida. Só depende delas. O que apresento aqui é o modo como levo *a minha* vida. Você pode querer seguir os meus passos, ou não. De qualquer modo, torço para que você queira sempre mais da sua vida. Se esse for o caso, com certeza, este livro vai poder ajudá-lo muito.

Velas para iluminar o caminho:

dicas adicionais aos leitores

1. Guardar ressentimentos nos puxa para baixo. Livre-se deles e deixe o seu espírito voar!
2. Dê boas-vindas aos desafios da vida, pois quando estamos prontos a aprender, cada desafio traz sempre uma bela lição.
3. Nunca pergunte a um cavalo como voar. Aprenda com as pessoas certas.
4. Pense por si mesmo. Deixar que os outros pensem por você embrutece a sua mente. Pensar por si mesmo ilumina o seu espírito.
5. Responda sempre a esta pergunta: "Você concorda que antes de fazermos o bem, devemos nós mesmos ser bons?".
6. Trabalhe sempre pelo motivo certo. Trabalhar para descobrir quem você é de fato será a única coisa que vale a pena. Por quê? Porque esse é exatamente o sentido da vida.

7. Culpar aos outros pelos próprios problemas é uma tentativa de ocultar-se deles, mas eles sempre irão nos encontrar. Por isso, assuma a responsabilidade pela sua vida.
8. Na vida tudo tem seu preço. Quer ser alegre de verdade? Então, abra mão de seu amor pela tristeza.
9. Pratique os três "As": **aprender a verdade**, **amar a verdade**, **abraçar a verdade**.
10. Entenda este fato cósmico: sem saber para onde vamos, será muito chato quando lá chegarmos.
11. Seja sábio, pois, a vida é mesmo muito divertida quando decidimos escalar montanhas sem nos levar conosco.
12. Entenda que o prazer verdadeiro e duradouro existe, mas não onde a maior parte das pessoas o procura. E acredite que agora você já sabe onde encontrá-lo.
13. Finalmente, para encher de luz o seu caminho, mergulhe neste poema maravilhoso, do britânico Rudyard Kipling:

Se

(Tradução de Guilherme de Almeida)

Se és capaz de manter a tua calma
Quando todo o mundo ao teu redor já a perdeu e te culpa;

De crer em ti quando estão todos duvidando,
E para esses no entanto achar uma desculpa;

Se és capaz de esperar sem te desesperares,
Ou, enganado, não mentir ao mentiroso,
Ou, sendo odiado, sempre ao ódio te esquivares,
E não parecer bom demais, nem pretensioso;

Se és capaz de pensar – sem que a isso só te atires;

Se encontrando a desgraça e o triunfo
Conseguires tratar da mesma forma a esses dois impostores;

Se és capaz de sofrer a dor de ver mudadas
Em armadilhas as verdades que disseste,
E as coisas, por que deste a vida, estraçalhadas,
E refazê-las com o bem pouco que te reste;

Se és capaz de arriscar numa única parada
Tudo quanto ganhaste em toda a tua vida,
E perder e, ao perder, sem nunca dizer nada,
Resignado, tornar ao ponto de partida;

De forçar coração, nervos, músculos, tudo
A dar seja o que for que neles ainda existe,
E a persistir assim quando, exaustos, contudo
Resta a vontade em ti que ainda ordena:
"Persiste!";

Se és capaz de entre a plebe, não te corromperes
E, entre reis, não perder a naturalidade,
E de amigos, quer bons, quer maus, te defenderes;

Se a todos podes ser de alguma utilidade,
E se és capaz de dar, segundo por segundo,
Ao mínimo fatal todo o valor e brilho;

Então, tua é a terra com tudo o que existe no mundo
E o que mais – tu serás um homem, ó filho meu!